tá gravando. e agora?

tá gravando.
e agora?

Kéfera Buchmann

Copyright © 2016 by Kéfera Buchmann

A Editora Paralela é uma divisão da Editora Schwarcz S.A.

Grafia atualizada segundo o Acordo Ortográfico da Língua Portuguesa de 1990, que entrou em vigor no Brasil em 2009.

CAPA Tamires Cordeiro
PROJETO GRÁFICO E ILUSTRAÇÕES Cleber Rafael de Campos
FOTOS DE CAPA E MIOLO Gabriel Wickbold
FOTO DA PÁGINA 16 ©Renato Parada
PREPARAÇÃO Carina Muniz
REVISÃO Luciane Gomide Varela, Ana Luiza Couto e Valquíria Della Pozza

Dados Internacionais de Catalogação na Publicação (CIP)
(Câmara Brasileira do Livro, SP, Brasil)

———————————————————————————————————

Buchmann, Kéfera
    Tá gravando. E agora? / Kéfera Buchmann. — 1ª ed —
São Paulo: Paralela, 2016.

    ISBN 978-85-8439-034-2

    1. Buchmann, Kéfera 2. Humor 3. Internet - Vídeos
4. Vlogs (Internet) 5. YouTube (Recurso eletrônico) I. Título.

16-05685   CDD-303.4833

———————————————————————————————————

Índice para catálogo sistemático:
1. Vídeo: Blogs : Internet: Comunicação digital   303.4833

2ª reimpressão

[2016]
Todos os direitos desta edição reservados à
EDITORA SCHWARCZ S.A.
Rua Bandeira Paulista, 702, cj. 32
04532-002 — São Paulo — SP
Telefone: (11) 3707-3500
Fax: (11) 3707-3501
www.editoraparalela.com.br
atendimentoaoleitor@editoraparalela.com.br

Dedico este livro a todos que amam criar.

introdução

Meu primeiro livro, *Muito mais que 5inco minutos*, ficou tão legalzinho (modéstia à parte) e vendeu tão bem (amém!) que as pessoas até duvidaram de que ele tivesse sido escrito por mim. Afinal, escrever um livro não é uma tarefa fácil. E se teve gente que achou que o livro ficou tão bem-feito a ponto de não poder ter sido escrito por mim, talvez eu deva considerar isso um elogio (ou talvez seja a hora de procurar um cirurgião plástico e pedir para ele colar a cara de uma pessoa inteligente em mim).

Durante e depois do período de lançamento do livro, fiquei feliz com tudo o que ouvi e li sobre ele. A maioria foi só coisa boa. Foram 400 mil cópias vendidas (até a metade de 2016, quando este livro entrou em gráfica). E o número continua crescendo! Com o passar dos anos, a tendência é vender mais e mais (se Deus quiser, mas se não quiser a gente dá um jeito de subornar para que Ele queira. Não é assim que as coisas funcionam no Brasil? Brincadeira. Ou não).

Aos que não gostaram do meu primeiro livro e estão putos por eu ter escrito o segundo, meu sincero sinto

nuito!

Já comecei o livro sendo maldita, grossa e criando um climão. Desculpem, vou tentar retomar a simpatia. Afinal, se você está lendo meu segundo livro, creio que seja porque gosta de mim. Se não gosta, está lendo para sofrer, então pare agora, porque é burrice.

AI, MEU DEUS, DESCULPA! FUI GROSSA DE NOVO

Tô na TPM. Me deem um desconto, vai. Queria agradecer a todos que compraram o primeiro livro e que vão comprar o novo. Fica aqui meu **MUITO OBRIGADA** por mais este sonho realizado. Toma aqui um coraçãozinho para vocês: 💜

Sobre os haters que criticaram o primeiro livro, nunca duvidei da capacidade das pessoas de ficarem frustradas com o sucesso alheio. É cada vez mais difícil achar gente boa por aí. "Boa" que eu quero dizer é aquele tipo que torce para o bem dos outros e fica feliz com as conquistas alheias.

Já perceberam como hoje as pessoas lidam cada vez pior com gente que está na mídia tendo seu valor reconhecido? Mas entendo em parte que deve ser estranho uma menininha de 22 anos virar best-seller com seu primeiro livro logo na pré-venda. (Livro que, na época do lançamento deste segundo, segue na lista dos mais vendidos no país todo.)

Ouvi muito "Mas você é tão nova, o que tem de tão importante para falar?". Bem, relembrando: achei que algumas pessoas se interessariam em saber o que eu tinha para dizer. Eu mesma me surpreendi com a explosão de vendas do primeiro livro. Sabia que tinha um público grande, mas não tinha ideia de quantas pessoas poderiam querer ler meu livro.

Antes de começar o livro em si, faço questão de dividir com vocês todas as teorias conspiratórias que ouvi sobre eu não ter escrito o livro. Sim, não são poucas.

1. A primeira afirma que eu teria contratado um ghost-writer, um "escritor fantasma". O cara escreve todo o livro, e depois você leva o crédito por algo que não fez. Sinceramente? Com a quantidade de bloqueios criativos e "brancos" que eu tive, surtos do tipo **"AI, MEU DEUS, NÃO VOU CONSEGUIR!!!"**, talvez tivesse sido uma boa opção. Mas sou muito orgulhosa para emprestar meu nome para alguém escrever algo e depois dizer que fui eu. **A PIOR MENTIRA É AQUELA QUE VOCÊ CONTA PARA SI MESMO.** Eu não aguentaria lançar um livro se cada palavrinha que estivesse escrita ali não tivesse saído das minhas entranhas (credo, escrevi com que parte do corpo o primeiro livro? Enfim, deixa pra lá...).

2. A segunda teoria conspiratória diz que minha mãe, dona Zeiva, teria ditado o livro inteiro para mim enquanto eu digitava. O que tenho a dizer é que isso de fato aconteceu. **NOS MEUS TRABALHOS DE ESCOLA.** Infelizmente, uma hora tive que crescer, e ela parou de ditar coisas para que eu levasse o mérito. (Não, gente, hoje eu e ela **NÃO** temos orgulho disso. **NÃO FAÇAM ISSO EM CASA.**)

3. A Vilma Tereza (minha cachorra) teria escrito o livro. Mas ela não é uma cachorra bobona que dorme o dia inteiro? De acordo com essa teoria, não. Muita gente acha que a Vilma, na verdade, é uma garota prodígio de dois anos, bem baixinha, que veste uma fantasia de cachorro para

fugir dos holofotes. Já que obviamente uma criança inteligentíssima seria muito procurada pela mídia e viraria uma "atração".

4. A quarta teoria conspiratória reza que o livro teria sido escrito pela CIA, que está tentando alienar os adolescentes brasileiros para que os Estados Unidos possam tomar o Brasil. Bem, foi uma tentativa frustrada, porque o livro vendeu muito, fazendo com que muitos jovens não leitores adquirissem o hábito da leitura. Ou seja, eles acabaram não ficando alienados. Resumindo: **FODEU PARA A CIA.**

5. O livro se escreveu sozinho. Misteriosamente, Kéfera deixou um bloquinho de notas em cima da mesa da cozinha e foi dormir. No dia seguinte, quando foi escrever "repolho" em sua lista de mercado, segundos antes de lembrar que repolho lhe dava muitos gases, ela percebeu que o bloquinho estava inteiro rabiscado. Será que um duende tinha escrito o livro durante a madrugada? Kéfera, se achando muito esperta, digitou tudo o que o duende escreveu no WordPad e enviou na mesma hora para todas as editoras do Brasil com uma ameaça anexa: **"ESCREVI UM LIVRO, SAÍ CORRENDO, PAU NO C* DE QUEM TÁ LENDO".**

A sexta teoria conspiratória fica por sua conta, caro leitor:

INSIRA AQUI ALGUMA TEORIA CONSPIRATÓRIA IDIOTA

Chega de blá-blá-blá e vamos ao que interessa. Este segundo livro fala sobre o meu canal no YouTube. Mas, se você acha que ele contém a fórmula mágica de como conseguir milhões de views, pare de ler imediatamente. Não existe nem nunca existiu receita para mim.

As pessoas me perguntam com frequência o que eu diria para um aprendiz de youtuber, e sempre me atrapalho na hora de responder. Lógico que tenho dicas, sim. Aliás, este livro traz **VÁRIAS DICAS** que ajudam a entender mais sobre o processo criativo que é começar um canal. Mas também serve para quem quiser dicas sobre como criar de maneira geral.

Uma receita do tipo "poste dois vídeos por semana que vai ser sucesso" infelizmente não existe. Acaba sendo um pouco uma coisa de destino + sorte + empatia de quem te assistir + a vontade dessas pessoas de querer divulgar seu vídeo + mistérios do universo + forças ocultas + duas xícaras de farinha + três ovos... Brincadeira, só queria ver se você ainda estava lendo mesmo. Relaxa, não tem ovo na história (quer dizer, eu já fiz um vídeo quebrando um ovo na cabeça, mas deixa pra lá, não foi muito inteligente da minha parte).

Tudo o que fiz até hoje foi com esforço e com o meu sexto sentido 100% ativado. Muitas vezes sem nem saber direito o que eu estava fazendo.

o nascimento do canal

Com dezessete anos, eu estava mais perdida que aquele seu amigo que bebe todas na balada e precisa de ajuda para pegar um táxi para voltar pra casa. Eu não sabia o que fazer da vida e estava no meu ano de vestibular. Ou seja, estava oficialmente na merda. Já fazia teatro desde nova, mas não era neta do Tony Ramos, não tinha amigos no Rio de Janeiro, não era esperta o suficiente para ter um plano infalível de invadir o Projac e obrigar o Walcyr Carrasco a me colocar como protagonista da sua próxima novela. Não tinha nenhum parente nem perto de ser famoso. Isso significa que nem papel de figurante em *Malhação* eu conseguiria.

Eu sabia o que sentia vontade de fazer pelo resto da minha vida: atuar. Mas infelizmente não via como ter um futuro nesse ramo se continuasse morando em Curitiba e tendo a vidinha normal que eu levava. Só que também não tinha grana para me mudar para o Rio de Janeiro e passar o resto da vida fazendo testes para conseguir uma ponta num comercial ou outro.

Sempre fui MUITO ansiosa. Com oito anos me sentia culpada por ainda não ser bem-sucedida. Sério. Sempre fui muito paranoica com isso de achar que eu estava muito longe de onde deveria estar. Desde aquela época já sonhava alto. Afinal, sonhar não tem contraindicação (tem???).

A cada fim de ano que chegava, meu desespero aumentava, e eu ficava perguntando para os céus o motivo da minha existência, se eu era apenas mais uma criança normal. **NUNCA QUIS SER NORMAL.** Lembro que, desde muito nova, todo Réveillon eu olhava para o céu depois da meia-noite, sozinha em algum canto da casa, e repetia milhares de vezes até cair no sono: "Este será o meu ano".

Mas esse ano nunca chegava. E, apesar de eu executar muito bem desde sempre a tal lei da atração, mesmo sem saber o que isso era direito, as coisas não estavam indo bem. Não da maneira como eu queria que estivessem acontecendo. Observação: se você não conhece a lei da atração, dá um Google aí e se informa, porque é algo muito bacana e que pode te ajudar na vida. :)

Em 2010, a febre dos vlogs chegou ao Brasil. Uma febre que já tinha tomado conta dos Estados Unidos. Quando os primeiros canais brasileiros surgiram, já existiam youtubers que eram endeusados na gringa há pelo menos uns seis anos. E, no desespero, depois de assistir a vídeos bons e ruins, pensei: "Por que não?". O máximo que podia acontecer era sair um vídeo péssimo, sem qualidade, de alguém que pareceria uma esquizofrênica falando sozinha com uma câmera no próprio quarto. E assim foi.

Em um sábado, no dia 24 de julho de 2010, estava eu de madrugada assistindo a esses tais vlogs, de tudo quanto era tipo de gente. Estava focada em tentar achar um tema incrível para fazer um primeiro vídeo meu. Já tinha criado a coragem de gravar, só não sabia sobre o que falar.

Nunca fui uma garota que faz a linha fofa, tipo a Sandy, que não faz cocô, sabe? Eu era toda moleca. Então pensei que fazer um canal sobre tutoriais de maquiagem ou ensinando a fazer um penteado "bafônico" para a formatura não seria nada a minha cara. Muitas gringas faziam isso, e, por mais que quisesse tentar fazer a linha blogueira-princesa, nem amarrar o cabelo direito eu sei. Imagina tentar fazer vídeos ensinando penteados? Minhas dúvidas só aumentavam. Eu não sabia como iria desenvolver um conteúdo que ficasse legal para o público. Aliás, nem sabia se teria público.

E, pior, não tinha a menor noção de QUAL público eu queria atingir. Pensei que um personagem facilitaria as coisas. Mas, depois de tanto quebrar a cabeça, resolvi interpretar a personagem que sei viver melhor: eu mesma.

Optei por não vestir nenhuma máscara e/ ou criar uma personalidade que não fosse a minha. Me arrisquei a mostrar quem eu era de verdade. A menina desbocada que soltava a língua e deixava o espírito falar sem pensar nas consequências.

Meu primeiro vídeo foi sobre vuvuzela. Tudo isso por culpa do meu vizinho, aquele pentelho. Às cinco da manhã, sábado, dia 24 de julho, meu vizinho querido abriu a janela para soprar uma vuvuzela. Aquele barulho logo de madrugada me deixou nervosíssima, sem contar o quase ataque cardíaco que eu tive.

Saí da frente do computador no maior ódio, abri a janela para gritar um "Vai tomar no cu" com toda a minha força e... CLIC! A ficha caiu. MEU PRIMEIRO VÍDEO SERIA SOBRE UMA VUVUZELA. Sobre o barulho irritante que aquele berrante de plástico criado pelo capiroto era capaz de fazer. Afinal de contas, eu (assim como o resto do mundo) estava de saco cheio daquela coisa.

Você pode achar que eu tinha fumado alguma substância suspeita, mas interpretei o barulho da vuvuzela como um sinal mágico do universo. Como se tivessem gritado "Taí seu tema, sua pentelha! Vai logo gravar essa porra". Mas, como tenho mania de problematizar tudo, fiquei com medo de que as pessoas, ao verem meu vídeo, pensassem que se tratava de um canal sobre futebol ou esportes em geral. Na minha cabeça essa associação era possível, uma vez que as vuvuzelas foram feitas para ser usadas durante os jogos da Copa.

No dia seguinte, domingo, 25 de julho, era para eu ter ido almoçar com a minha avó, como de costume. Todo domingo, almoço em família. Mas falei para a minha mãe que não iria porque queria gravar "um negócio aí". Ela já sabia que há anos eu tinha vontade de fazer vídeos. Anos mesmo.

Desde os meus nove anos, a gente brincava de me gravar. Eu era apresentadora de um jornal que só noticiava tragédias. Ela ficava sentada no sofá me filmando junto com uma amiguinha. Confesso que éramos um pouco dramáticas. Dávamos notícias de pessoas que tinham perdido "cinquenta xícaras de sangue". É, a gente passava uma média de quantas *xícaras* as pessoas perdiam por acidente. Um tanto quanto doentio para ser uma brincadeira de crianças de nove anos, né?

Mas já ficava evidente ali a minha vontade de ~~ser psicopata~~ trabalhar perto das câmeras. Fora um outro vídeo superfofo de quando eu tinha menos de dois anos e minha mãe falava: "Filha, imita a velhinha!". Eu amarrava uma fralda na cabeça, ficava corcunda, mãozinhas para trás, e andava mancando. Com menos de dois anos, já tinha meu primeiro personagem. E nem sei como ele surgiu direito. Só que minha família vivia me pedindo para imitar pessoas e eu atendia, até chegar à idade em que comecei a ficar envergonhada de tudo. E virei uma criança tímida.

É, eu sei que é um choque imaginar que já fui tímida. Mas, sim, isso aconteceu. Minha mãe, quando eu tinha uns doze anos, sugeriu novamente de gravarmos vídeos para postar "na rede" (sim, ela usou essas palavras). Mas minha vergonha não me deixou ir em frente: eu chegava ao ponto extremo de ter vergonha da minha própria mãe. Ela achava algo que eu fazia bonitinho, pedia para que repetisse e eu olhava para ela com aquela carinha de gatinho do Shrek, como quem diz "pelo amor de Deus, não me obrigue a fazer isso de novo".

Com o tempo fui me soltando, mas, cá entre nós, às vezes tenho mais vergonha de fazer um trabalho na frente dela do que de um grande diretor. É como se eu quisesse impressionar e orgulhar minha mãe mais que tudo, seja no teatro ou no cinema (**"CINEMA? VOCÊ DISSE CINEMA???"** Sim!!! Os vídeos no YouTube me levaram para o meu sonhado rumo e, **MEU DEUS, EU FIZ UM FILME E FUI PROTAGONISTA!!!** *surto*).

Recapitulando, quando eu disse que finalmente gravaria meu primeiro vídeo para postar na internet, dona Zeiva (que odeia ser chamada de "dona", mas eu chamo para irritá-la mais ainda) adorou a ideia e me incentivou bastante. Ela só esperava que eu mostrasse para ela antes de fazer o mesmo com o mundo.

1,2,3. começou a produção!

Um profissionalismo impecável: uma câmera de 7.2 megapixels apoiada em uma pilha de apostilas (que eu deveria estar usando para estudar, e não como tripé para câmera. Tá explicado por que eu não me formei em medicina, por exemplo, né?). Era um abajur para a direita, outro para a esquerda e um espelho atrás da câmera, já que o visor da minha Cyber-shot não virava para mim e eu precisava ter noção se estava aparecendo no quadro.

Se eu gravasse um vídeo inteiro em que tivesse cortado metade do meu rosto, ficaria bem puta. Meu primeiro "cenário" foi um armário marrom, e havia várias fórmulas de química coladas nele. Tudo planejado pela melhor designer do momento: a vestibulanda Kéfera. As fórmulas foram úteis para a minha mãe achar que eu realmente estava estudando. NÃO QUE EU NÃO ESTIVESSE, mas, cá entre nós, aquelas fórmulas grudadas na parede acabaram virando mais um papel de parede, parte da decoração do meu quarto. Nem lembrava mais que elas estavam lá, muito menos lia o que estava escrito nos papéis.

Abri meu guarda-roupa e fiquei desesperada revirando blusas, vestidos, calças e até botas (até eu lembrar que só apareceria do busto para cima, ou seja, por que diabos estava me

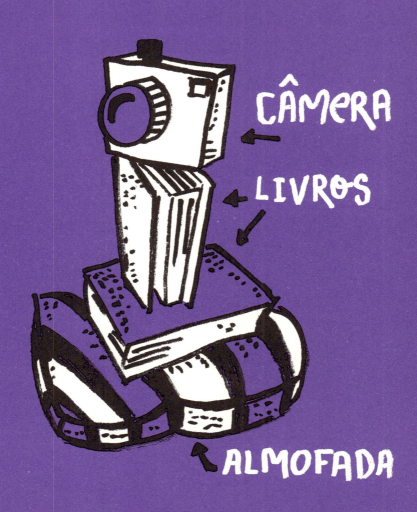

preocupando em criar um look digno de ir para a São Paulo Fashion Week???). Depois de muito procurar, optei pelo que eu usava desde sempre, há anos: camisa xadrez e meu brinco de pérola (excelente combinação, tá explicado por que não sou blogueira de moda).

Aí chegou a hora da maquiagem, que foi um Deus nos acuda! Lá fui eu esquentar o curvex com secador. Você que é menina deve estar lendo isto agora e gritando: **"AI, MEU DEUS, EU TAMBÉM FAÇO ISSO!!!"**. Pois é, amiga leitora, bem-vinda ao mundo de quem nasceu com cílios curtos e retos, iguais aos de um cavalo.

Passa rímel, passa blush e percebe que exagerou no blush. Aí taca pó compacto em cima para amenizar o efeito "chinelada na cara". Vê que ficou parecendo um boneco de cera que mergulhou dentro de uma bacia de pó de arroz. Passa lenço demaquilante e esbarra a mão no rímel. Tira o rímel de um olho, passa de novo. Depois passa batom. Tira o batom, afinal aquele vermelho borrado te deixou com cara de bêbada.

Então lembra que esqueceu de passar delineador. Tira o rímel de novo e passa delineador. Quando consegue fazer o gatinho perfeito em um olho, passa para o outro e faz uma cagada enorme. E lá vamos nós novamente! Tenta arrumar o outro lado, vai engrossando o delineador dos dois até que percebe que ficou parecendo um panda. Nisso, já foi parar pó compacto dentro do olho, que a essa altura já ficou vermelho. Aí taca colírio e tira toda a meleca que você fez. Passa tudo de novo, e depois de três vezes passando e tirando todo o reboco... **UFA!** Você consegue terminar a maquiagem.

Várias coisas passando pela minha cabeça. Será que vou conseguir? Será que não vou ter crise de riso falando sozinha com uma câmera? Será que vai ficar bom? Será que alguém além da minha mãe vai assistir ao meu vídeo? Será que vão dar muitos dislikes? Parêntese: depois de anos no YouTube, descobri que dislike em vídeo é o que menos importa. É só uma maneira de os haters que não fazem crítica construtiva se expressarem. Como eu não sabia de coisas como essa, segui me preocupando: será que vão me xingar? **E POR AÍ VAI.**

Altas paranoias, vários desesperos, muita pizza no sovaco e suadeira nas costas. Não aguentava mais passar desodorante para ver se acalmava a coitada da minha axila. Hoje vejo que era só um vídeo. Eu estava sozinha, então se ficasse com vergonha de mim mesma era só parar com tudo, apagar o vídeo da câmera, jogá-la pela janela e fim da história.

O.k. Respira...

1, 2, 3 e...

Meu primeiro vídeo mostra uma menina insegura de dezessete anos que não sabia o que estava prestes a acontecer na sua vida. E, por mais que me faltassem desenvoltura e intimidade com a câmera, não foi tão desconfortável conversar sozinha. Só me perdi um pouco no tempo. Talvez eu tenha ficado uma hora falando sem parar com a câmera para conseguir transformar aquele monólogo todo em cinco minutos de vídeo.

Como não tinha feito um roteiro (e até hoje não faço) e aquele era o primeiro vídeo, eu não tinha ideia do quanto tinha que falar para conseguir aproveitar cinco minutos de material depois. Eu tinha noção de que iria editar o vídeo, óbvio. Mas não sabia quanto precisaria improvisar até chegar ao compilado ideal de cortes.

Depois de tanto falar, indo da vuvuzela às crianças que estavam gritando no playground do prédio enquanto eu gravava, fui enfim concluindo o vídeo. Só que, perto do fim, minha cabeça me trouxe um novo desespero: QUE NOME DAR PARA O CANAL? Todo canal tinha um nome superlegal na época. Nomes criativos. Eu queria que o meu tivesse um bom nome também.

E finalmente chegamos à parte em que posso dar alguns toques para você que quer criar um canal no YouTube. Já disse que não existe uma receita para o sucesso garantido na internet, mas essas dicas podem te ajudar um pouquinho, pelo menos. 💜

o nome do seu canal te representará

O nome do seu canal é mais importante do que parece. Nele você pode estrear o apelido que você sempre quis ter, mas que na sua infância nunca te deram, sabe? É através do nome do seu canal que você pode deixar claro sobre qual assunto você irá falar, sobre o que o canal vai ser.

Você também pode fazer um trocadilho, por que não? Exemplo: existem milhares de Anas, certo? Então, em vez de ter uma conta /CanalDaAna, você pode chamar o seu de /Ana-Lisando. Entendeu? No caso de você analisar algo no seu canal, como filmes, livros, outros vídeos da internet, games...

Voltando ao meu canal, eu estava finalizando o vídeo, quando, de repente... **CLIC!** No final do vídeo, depois de ter repetido aquelas frases de sempre, pedindo para se inscrever no canal e dar likes, um pai-nosso e duas ave-marias, falei, do nada, "Muito obrigada por se inscrever no **CINCO MINUTOS**". E assim ficou. Totalmente intuitivo.

Quando gravei foi tudo lindo, porém eu tinha esquecido de ver se o domínio /cincominutos estava disponível. Pensei: "Impossível estar, alguém já deve ter criado essa conta". E, de fato, já tinham criado. É o que eu sempre digo: se a Lei de Murphy tem a chance de cagar a sua vida, ela cagará. Eu me desesperei na hora, achei que era o fim do mundo e que teria que regravar o vídeo inteiro.

Hoje sei que era só eu regravar o finalzinho do vídeo, depois de pensar num nome que valesse. Mas, como alguém totalmente desacostumado com a mágica da edição, achei que tinha perdido o trabalho. No desespero, tentei adaptar o nome /cinco minutos. Coloquei com underline ou ponto entre as duas palavras, com vários "o" no final da palavra "cinco", algo tipo "cincooooooooooo". Mas todos já tinham sido criados.

/CINCO_MINUTOS
/CINCO.MINUTOS
/CINCOOOMINUTOS
/CINCO___MINUTOS
/CINCOCINCOMINUTOSMINUTOS
/MINUTOSCINCO
/AIMEUDEUSCINCO

Até que pensei: "E se eu usasse numeral? Se o 'cinco' fosse 5?".
Adivinha? **LEI DE MURPHY NOVAMENTE!!!** Já existia a caceta do
nome /5minutos registrado também.

/5MINUTOS MEAJUDAJESUS

/5_MINUTOS

/5_MINUTOS_5

/555 MINUTOS

/5-5-5-MINUTOS

/5INCO

...OOOPA!

VOILÀ! (Uma expressão em francês para eu fazer a fina, poliglota e inteligente.)

NASCEU!

5iNCO

INUTOS

Isso depois de uma gincana mental para tentar pensar em como resolver meu problema (que deveria ter durado o tempo que diz o nome, apenas cinco minutos, mas me levou a quebrar a cabeça). Na época ouvi muito "Nossa, mas 'cinco' é com C! Você escreveu 5 e ficou parecendo um S, você é burra". Mandei todos tomarem no cu mentalmente e ignorei. Deu certo.

DEPOIMENTO KELOVER

♥ OS DEPOIMENTOS QUE VOCÊ VERÁ ESPALHADOS AO LONGO DESTE LIVRO MOSTRAM COMO O TRABALHO NA INTERNET PODE AJUDAR A MELHORAR O DIA OU ATÉ A VIDA DE UMA PESSOA. PARA PROTEGER A PRIVACIDADE DAS GAROTAS E GAROTOS QUE COMPARTILHARAM SUAS HISTÓRIAS EMOCIONANTES, DECIDIMOS NÃO PUBLICAR SEUS NOMES, IDADES E O LUGAR ONDE MORAM.

Assisto a seus vídeos há uns três anos e sempre me diverti demais!

No dia 27 de março de 2015, meu pai foi sequestrado. Eu estava dormindo quando umas pessoas armadas entraram na minha casa e o pegaram. Essa cena não saiu da minha cabeça por dias. Eu chorava toda noite e tinha medo de tudo. Uns dias depois que o sumiço dele aconteceu, voltei a ver seus vídeos, e só eles conseguiam me fazer sorrir e me alegrar.

Depois daquele dia infelizmente nunca mais vi meu pai. Ele era uma pessoa boa demais, tinha um coração gigante, sempre ajudando os vizinhos.

Vendo seus vídeos, percebi que eu ainda tinha muito o que viver, que deveria continuar sendo forte. Meu pai era incrível e vai estar sempre no meu coração! Montei uma ONG com umas amigas para ajudar os outros, assim como meu pai fazia. Hoje a gente consegue doações para abrigos, faz visitas a asilos, leva sopa para moradores de rua. Obrigado, Kéh, por me fazer sorrir nos piores dias da minha vida.

a internet não perdoa

Não é só no YouTube. Na vida, em geral, a maioria das pessoas está sempre em busca de aprovação das coisas que faz. O que mais acaba bloqueando a criatividade de um aspirante a youtuber com certeza é a dúvida: serei aceito? As pessoas vão gostar do meu conteúdo?

Independente do quão talentoso você é, vai ser necessário um público para aplaudir o que fizer. É claro que você pode criar um conteúdo e publicar na internet simplesmente por publicar, sem a intenção de viralizar, por exemplo. O Justin Bieber é um caso. A carreira do Justin começou quando os vídeos dele cantando conseguiram certa repercussão. E tudo teve início porque a mãe dele queria mostrar as habilidades do filho para uma tia que não morava na mesma cidade.

Acho que é o "modelo" mais confiável para um primeiro post: publique algo como se fosse apenas para os seus amigos verem. Se o conteúdo for original ou despertar o interesse das pessoas, vai ter a devida repercussão — diariamente surgem pessoas que conquistam seu espaço através de vídeos. E, já que o que você postar vai se tornar público, dê o seu melhor.

Lógico que nem todo mundo que está na internet quer ser famoso. Existem pessoas que estão nas redes apenas para manter contato com amigos e conhecidos. Mesmo para elas vale o aviso: cuidado com tudo o que você fala, faz e com as fotos que coloca. **INTERNET É TERRA DE NINGUÉM.** Nunca compartilhe algo se for sigiloso. Não dá para confiar, e a qualquer momento algo que você faz pode se voltar contra você (acredite, isso é fácil de acontecer!).

Cuide para dizer exatamente aquilo que você quer. É aquele velho ditado (mentira, o ditado é novo): **A INTERNET NÃO PERDOA.** E a zoeira? Nunca acaba. Imagino a internet da seguinte maneira: uma sala de aula lotada em que todos são maus alunos e têm déficit de atenção. Só estão ali porque têm que estar.

O tédio nos leva a consumir coisas que às vezes nem sabemos direito o que são. Quantas vezes você não ligou o computador e ficou estático olhando para a tela, pensando: "E aí? O que eu faço agora?". Quantas vezes você não foi parar em um site e logo percebeu que não sabia o que estava fazendo lá? (Site de vídeo pornô não conta, o.k.?)

Mas a internet tem um lado muito legal e pode, sim, ser usada de maneira saudável. Você abre o Facebook, dá uma lida no que seus amigos postam, escreve algo no seu mural, dá uma fuçada em algum site interessante, assiste a algo no YouTube etc.

Outra maravilha são os sites de livestream, onde você pode assistir a vários filmes pagando uma mensalidade.

Hoje muitas pessoas frequentam a internet só para ver vídeos, filmes e séries. E toda hora surge uma nova fanpage legal para curtir, alguma pessoa interessante que posta fotos legais no Instagram. É muito conteúdo! Nem tem tanta gente assim para consumir!!! Certo? Errado. O Brasil é um dos países que mais consomem conteúdo na internet.

Por mais que existam diversos conteúdos, as pessoas **SEMPRE VÃO QUERER MAIS**. E isso é bom para você, aspirante a youtuber! Tcharam! Você tem sempre a possibilidade de criar algo novo. Por mais que pareça **IMPOSSÍVEL** e gere até certo pânico, do tipo "Mas já existe de tudo!". Realmente, já existe de tudo, mas você tem a chance de fazer algo diferente/ divertido/ cômico/ original/ emocionante... **VOCÊ DECIDE**. :)

Tem espaço para todo mundo, sem exagero.

ter fãs é tipo namorar!

Uma dica importante para assim que você conseguir pessoas que queiram ouvir/ ler/ ver o que você tem para dizer: valorize os fãs. Mesmo que seja só UMA pessoa. Ela está lá para você e por você, e não é à toa. Os fãs têm seus motivos, e, independente de quais sejam, você deve ser grato por estarem ali.

Mas saiba que você vai assumir um relacionamento com seus seguidores. Como um namoro (dos bem ciumentos). Eles vão querer te consumir o máximo que puderem:

- Onde você está?
- O que está fazendo?
- Por que não me responde no Twitter?
- Você tá sumido(a).
- Cadê você?
- Quando vai ter vídeo/ post novo?

Será cobrança atrás de cobrança. A internet é doida! Pessoas que você nunca viu na vida "sugarão" (no bom sentido, mas não que o sentido literal seja ruim... Esquece, você não leu isso) o máximo que puderem de você. É normal descontarmos parte de nossas carências em alguém que admiramos. É uma forma de fugirmos dos nossos problemas. Criamos outro foco — mesmo que esse foco seja a **VIDA** de outra pessoa.

Exemplo: às vezes, quando me sinto triste, vou atrás de contas do Instagram com fotos de diversas partes do mundo. Ver esses lugares que existem e que nunca vi pessoalmente (e talvez nunca veja) me deixa mais feliz. Isso me acalma. É estranho? É. Mas é uma das coisas que gosto de ver na internet.

Quando vou atrás de algum fotógrafo que posta fotos de diferentes lugares do mundo no Instagram e vejo que não tem nenhum post novo, eu também me pergunto: "Ué? Por que não tem nada novo?". Mesmo não sendo uma **PESSOA** conhecida, e sim um perfil. E até esqueço que essa pessoa tem uma vida fora da rede social.

E como na internet não existem regras (e, às vezes, nem bom senso), é instintivo pensarmos: "Por que não posta mais?". É completamente normal. Criamos laços, intimidade e apego com pessoas que nem sabemos se são de fato legais na vida real!

Portanto, querido-aspirante-a-youtuber ou aspirante-a-postar-qualquer-conteúdo-na-internet, vá se acostumando. Seguidores irão te cobrar o tempo todo por **MAIS** conteúdo, mesmo que você já poste com frequência. É raro eles ficarem satisfeitos.

DEPOIMENTO KELOVER

Nem lembro quando comecei a ver os seus vídeos. Se não me engano, na metade de 2014. Eu era automutiladora. Do tipo de menina que se corta por tudo. A lâmina do apontador era meu refúgio.
Só que, em certo momento, levei um tombo da vida, acordei e vi que tudo podia ser diferente. O YouTube me escolheu.

Procurei ver vídeos que me ajudassem a enfrentar todos os problemas familiares pelos quais eu estava passando. Foi quando conheci seus vídeos e comecei a me envolver de alguma maneira com você. Foi você que me ajudou a superar. Era uma depressão em que eu me afundava cada vez mais.

Seus vídeos foram meu refúgio naquele instante.

Os conteúdos que você criava me motivavam. Não sei. Suas palavras tinham e têm sentido na minha vida. Mesmo tão nova, superei a depressão, superei o medo de perder tudo e todos. Não foi fácil, mas você me mostrou o contrário de tudo. Você me resgatou do fundo. Eu devo tudo a você e à minha família.

Kéfera, obrigada por me escolher. Sim, você me escolheu e eu te escolhi. Através de uma tela de computador, me mostrou o outro lado de tudo o que eu estava vivendo. O futuro pertence só àqueles que não desistem, assim como você.

conte o que tem feito

Como acabei de dizer, as pessoas vão querer saber mais sobre você. Então conte para elas o que você está fazendo! Por mais que pareça inútil (você pode até se perguntar "O.k., mas quem se importa com isso?"), acredite, TEM GENTE QUE SE IMPORTA. Muita gente vai amar saber o que você tem aprontado, como está sua vida, aonde você tem ido, o que tem comido... MAS: respeite seu limite, isso também é importante. Você só precisa contar o que quer que saibam (dã, isso é óbvio).

Pode parecer boba essa ideia de contar as coisas que tem feito, mas isso acaba te aproximando dos seus seguidores (mesmo que você tenha poucos agora nesse começo). A relação que você vai desenvolver com quem te acompanha pode ser incrível. E, acredite, seus seguidores te estimularão muito quando você precisar.

Uma hora ou outra, você pode acabar sendo pego pelo bichinho da depressão. Isso é normal entre pessoas que trabalham com criatividade. Não é uma regra, o.k.? Não me mande tomar no cu mentalmente enquanto diz: **"AFF, KÉFERA, NEM TODO MUNDO FICA DEPRÊ!".** Eu sei disso. **CALMA, PORRA.** ♥

Maaaaaas... Caso você tenha uma tendência a se frustrar com facilidade, é ótimo recorrer ao seu público nessas horas. Salve mensagens legais que te enviaram. Crie uma pasta diferente no seu e-mail só para guardar as mensagens de incentivo. Favorite tweets de pessoas que gostam do que você conta. Tire print de comentários que te arrancam um sorriso. E leia tudo mil vezes se for necessário!

As mensagens serão uma injeção de ânimo para que você tente sair da fossa o quanto antes e volte a acreditar no seu próprio potencial para criar mais.

não crie para agradar ninguém!

Parece contraditório dizer que você não precisa agradar ninguém, sendo que acabei de falar sobre a importância de estreitar laços com os seguidores, né? Mas sabe o que eu acho? Que você deve se arriscar logo de cara e esquecer a insegurança em relação a ser aceito ou não. Porque criar para agradar é uma via de duas mãos:

1. Você pode conquistar um público grande.
2. Uma hora a máscara cai. E, uma vez criado um conteúdo que você não sente prazer em ter bolado, suas redes começam a soar falsas. A tendência é sempre você começar a mostrar de verdade quem é, e, nessa hora, todo o público que foi atraído pelo conteúdo "falso" vai acabar te odiando.

Logo, CRIE PARA VOCÊ. Alguém gostar do seu trabalho é consequência, e isso provavelmente vai acontecer. Você não é o único no mundo a pensar da forma que pensa. Quanto mais pessoas se identificarem com o seu verdadeiro jeito, melhor. Para o público e para você. Nenhum dos dois será enganado dessa forma. :)

É impossível você saber se vai agradar alguém a menos que tente, e não agradar ninguém só vai machucar se não estiver preparado. Outra coisa: aceite que existirão pessoas que vão achar uma merda qualquer coisa que você crie. O medo da não aceitação acaba impedindo muita gente de mostrar o próprio trabalho na internet. E, por mais que doa, nem todos gostarão das ideias que você considera boas. É necessário vestir uma espécie de armadura para aguentar o que as pessoas podem dizer sobre o seu conteúdo, ainda mais no começo (depois a gente se acostuma com os haters. Já falaremos sobre isso, segura esse coração aí).

No teatro, no final de uma peça, as pessoas aplaudem os atores pela performance, certo? Se não gostaram da peça, o aplauso acontece, mesmo que por educação. Se um teatro inteiro, lotado de pessoas que não gostaram tanto da sua apresentação, te aplaude, você sai com a falsa impressão de que foi um sucesso em cena. Mas repito: a internet não perdoa. Ninguém vai ser bonzinho com você na internet, a menos que tenha realmente gostado do conteúdo.

CUIDADO para não virar um refém dos aplausos na internet. Já caí nessa cilada e posso garantir que é uma sensação de perder o chão quando os aplausos não acontecem. Às vezes você vai produzir algo que muitas pessoas irão amar. Outras podem não gostar, mas isso não significa nem que elas não gostaram de fato do vídeo. Talvez elas simplesmente não se interessem pelo tema, deixando de te aplaudir como aplaudiriam se tivessem se identificado.

O importante é: torça para ser encontrado por pessoas que compartilhem do mesmo sentimento que você. Conteúdos bombam quando geram IDENTIFICAÇÃO. E na internet você vai ter certeza se agradou mesmo. As palmas no teatro podem ser por educação, mas na internet serão sempre verdadeiras. Se quer produzir um conteúdo, faça com TESÃO. Não para ser aplaudido, mas para se sentir realizado.

muita responsab

Sobre dar entrevistas, minha dica é: só conte o que você contaria ao seu pior inimigo com a maior tranquilidade do mundo.

Entrevistas são legais para fazer você refletir sobre a sua vida. Já me perguntaram muitas vezes se tenho noção da minha responsabilidade como exemplo para os mais jovens. Não, eu não faço ideia dessa responsabilidade. E, por um lado, isso é ótimo. Afinal, é a minha falta de noção que continua me permitindo fazer vídeos sobre todos os temas que eu quiser e falar o que eu penso sem (muito) medo. Se começasse a focar no número de pessoas que veem meus vídeos pelo Brasil e até mesmo em outros países, provavelmente surtaria com medo das minhas próprias palavras. Eu me bloquearia por completo.

No começo, gostei de ser uma "influenciadora". Contribuir para a formação da personalidade de jovens era incrível — até o momento em que tudo foi ficando mais sério. As pessoas passaram a questionar: "Se ela faz vídeos falando palavrão, minha filha também vai ser boca suja?". Recebi milhares de e-mails, cartas, pombos-correios e sinais de fumaça de mães me pedindo para que eu não falasse mais palavrão porque tinham medo que as filhas me imitassem. Fiquei me sentindo culpada por um tempo. Até que eu pensei: "Ei, pera aí. Quando foi que eu disse que queria isso pra mim?".

E foi aí que eu tirei o meu da reta (**"AI, QUE ABSURDO, ELA NÃO ESCREVEU 'CU', MAS QUERIA TER ESCRITO."** Shiu, respira!).

dade!

Eu parei para pensar que produtor de conteúdo na internet é exatamente isso, um **PRODUTOR DE CONTEÚDO**.

Comecei a lembrar de quando eu era mais nova e assistia a filmes em que via jovens usando drogas e álcool, por exemplo. Nem por isso hoje moro na Cracolândia. Se quer saber, eu nem bebo. Porque não gosto mesmo. E, mesmo convivendo com várias amigas que fumam (maconha) e bebem, nunca nem experimentei.

Quantas vezes minha mãe me disse para não ser maria vai com as outras? Comecei a me lembrar disso. Da educação que ela me deu. E que mesmo assim eu continuava assistindo a filmes e séries de jovens bebendo, fugindo de casa para ir pra balada, e não reproduzia essas atitudes só por gostar das personagens. Isso aconteceu porque eu tive uma base, que foi minha mãe! Minha mãe tomou as rédeas da situação.

O que uma criança vê pode, sim, influenciar seu comportamento. Mas, se os pais derem conta do recado, ela não absorverá nada que não seja certo. Hoje é comum os pais jogarem a responsabilidade da criação dos filhos nas pessoas da internet. O que precisa ser entendido pelos pais é que somos produtores de entretenimento. Nós, youtubers, postamos vídeos com a função de sobretudo entreter e divertir quem assiste. Nenhum de nós está na internet com o objetivo de ser responsável pela nova leva de adolescentes que chegaram ao mundo.

Mas isso não significa que vamos deixar de apoiar campanhas legais ou que não tenhamos atitudes pensando no bem da humanidade, como participar de uma campanha pelo fim da violência contra a mulher ou fazer parte de ações sociais para chamar atenção para o abandono de animais. O que eu quero dizer é que não estamos no YouTube para dar Telecurso ou aula on-line. Bem, pelo menos não é o que pretendem meus vídeos. Para isso, existem canais que ensinam a fazer mil coisas legais. Como já disse, na internet tem lugar para todo mundo.

Na época da escola, lembro que quando via alguém triste ou chorando ia atrás para saber o motivo daquilo e tentava ao máximo distrair essa pessoa. E é assim com os meus vídeos. São um passatempo, um empurrãozinho para você dar uma risada ou se inspirar. E dá certo, como vocês podem ver pelos depoimentos de kelovers que espalhei pelo livro. ;)

DEPOIMENTO KELOVER

Sempre tive problemas em aceitar quem sou. Por influência da igreja evangélica, eu me oprimia por ser gay, mas, em dezembro de 2015, decidi que iria contar para o meu pai. Ele me repreendeu e disse que eu estava condenado ao inferno. Um dos meus irmãos foi posto para fora de casa pelo mesmo motivo.

Quando vi sua entrevista dizendo que se orgulha de saber que ajuda pessoas como nós, que têm problemas, fiquei muito feliz. Por me sentir rejeitado, fiquei deprimido por dias, até que decidi que a solução seria tirar minha vida.

Tomei comprimidos e fiz minha mãe sofrer. Eu estava errado.

Meu pai acabou nos abandonando, dois dos meus irmãos se mudaram, e hoje vivemos eu, minha irmã, meu outro irmão e minha mãe na minha casa no Recife, que está prestes a ir a leilão pela prefeitura por falta de pagamento dos impostos.

Mas seus vídeos trazem alegria aos meus dias, sorrisos espontâneos e crises de riso. EU TE AMO E VOCÊ ME AJUDOU A SORRIR QUANDO TUDO O QUE EU QUERIA ERA MORRER.

hashtags

#DIY

#LUZES

#SUPER-HOMEM

#ESTAMPA

#DECORAÇÃO

#LUMINÁRIA

#TUTORIAL

#DESIGN

Uma dica: não esqueça as tags quando for publicar um vídeo. Escreva palavras-chave que irão ajudar a direcionar melhor o seu tipo de conteúdo. Exemplo: se você criar um canal de DIY (*do it yourself*, ou faça você mesmo, aqueles tutoriais que ensinam a fazer desde camisetas customizadas até luminárias de super-heróis), use hashtags que identifiquem esse gênero e, principalmente, o objeto que você criou no vídeo.

só depende de você

Já recebi milhares de mensagens pedindo ajuda, do tipo: "Kéfera, quero criar um canal, mas não sei sobre o quê". Infelizmente não posso ajudar muito nesse quesito. Porque se você não sabe sobre o que quer falar, como espera que outra pessoa vá saber? É tipo você perguntar para alguém se deve fazer xixi ou não. Parêntese: por mais idiota que isso pareça, quando eu era criança, há dois anos, perguntava para minha mãe se ela achava que eu deveria ir ao banheiro ou não. **QUANTA LÓGICA!**

Voltando ao tema, algumas coisas só você pode resolver. Bom, posso te ajudar com o seguinte conselho:

faça alguma coisa, mesmo sem saber o que essa coisa é

Se você ainda não tem certeza sobre o que quer produzir, simplesmente faça qualquer coisa enquanto tenta se encontrar. Pode demorar algum tempo ou ser rápido. Vai que você acha o caminho que quer seguir logo no primeiro vídeo? E outro preciosíssimo conselho:

não comece seu vídeo dizendo que não sabe o que dizer

Esse é um erro extremamente frequente (e eu só estou falando dessa maneira em vez de dizer **"UM ERRO FREQUENTE PRA PORRA"** porque neste segundo livro eu tô numa vibe Kéfera-
-adulta). O sujeito começa o vídeo dando um spoiler de que não sabe direito o que está fazendo. Quem está assistindo vai pensar:

 "Se ele(a) não sabe o que está falando, por que vou dar atenção e desperdiçar meu tempo aqui?"

Em função disso, no seu primeiro vídeo, é melhor guardar para você a sinceridade sobre não saber o que está fazendo. 💜

Pense na seguinte situação: você está perdido em uma floresta e alguém começa a te seguir porque quer achar o caminho para a saída. Na vida, a internet é a floresta e o seu canal será o caminho para muita gente sair do **TÉDIO**. Se você não fizer um vídeo mostrando que tem algo a oferecer para entreter quem está em busca disso, por que essa pessoa vai continuar te ouvindo? O que me leva a mais um conselho importantíssimo (tô tipo aquelas tias bêbadas em churrasco que saem dando conselho sem parar, né?):

fale sobre algo que esteja dentro da sua zona de conforto

Ainda que você entenda de poucas coisas, é melhor falar sobre algo que domina, para passar segurança. É mais fácil você ter coisas legais a dizer se dominar o tema, entende? Outra coisa:

tenha sua própria identidade

Pelo menos no início do vídeo, acho que pode ajudar muito a criar um toque pessoal se você tiver seu próprio jeito de dar oi. Na verdade, isso vale mais para vídeos no formato de vlog. Se você pretende fazer esquetes, pense em pelo menos uma vinheta ou um símbolo que fique presente no canto inferior do vídeo. ALGO que possa te representar de uma maneira única. O meu "Oi, oi, gente" saiu automático e não é algo genial, eu sei. Mas foi o jeito que eu arranjei de dar o meu oi.

CONFISSÃO: teve uma época que tentei abandonar o "Oi, oi, gente", por achar que já estava ultrapassado e que as pessoas tinham ficado cansadas dele. Tentei começar os vídeos sendo objetiva, falando logo sobre o tema. E o que aconteceu foi uma guerra nos comentários. Pois é. Independente do tema que eu abordasse, os comentários eram basicamente uma chuva de:

 "CADÊ O 'OI, OI, GENTE?'"

E lá fui eu resgatar meu jeito de começar os vídeos. Ninguém mais estava se importando com o que eu queria dizer, só repetiam:

 "POR QUE DIABOS VOCÊ MUDOU? AI, MEU DEUS, SAUDADES DA KÉFERA DE ANTES, ELA NÃO É MAIS A MESMA, ELA MUDOU, MEU DEUS!!!"

E por aí foi. Tudo porque o "Oi, oi, gente" com um sorrisão não apareceu logo de cara no vídeo. Ou seja, aquela relação de namoro cobrador que você adquire com o seu público veio à tona. Tudo o que escrevi aqui são dicas que vejo que funcionaram **COMIGO**. Mas já disse que não existe uma receita oficial de como se dar bem na internet. (Não custa repetir.)

Ter sua própria identidade também significa mostrar o **SEU JEITO**. Algo original. Eu já assisti a vídeos que começavam com "Oi, oi, gente". **ATENÇÃO:** Vaza, meu amor. Essa frase já é minha!!! Mentira, não era isso que eu queria dizer.

Agora, sério: além do cuidado de não repetir alguma frase que já é usada, não queira ser alguém que não é. É um risco se inspirar demais no jeito de alguém que já é meio conhecido, porque fica na cara que você está tentando reproduzir a personalidade de uma pessoa que já se descobriu dentro do YouTube. E imitar algo que já foi criado faz com que as pessoas **NÃO** queiram acompanhar seu canal, entende?

faça
um
vídeo
que
você
gostaria
muito
de
assistir!

Um jeito de ter ideias é pensar em algo de que você gosta muito. Exemplo: pense em um filme que você amou. Depois crie algo que seja uma espécie de continuação das ideias desse filme (a não ser que já exista a sequência do filme). Tem algum personagem pelo qual você se apaixonou? Odiou a mocinha que escolheram para ficar com o herói no final? O.k., então na sua versão você faz a mocinha ser devorada por um dinossauro e cria outra personagem para ficar com o cara.

Existe algum personagem que morreu e você ficou chateada? Faça ele ressuscitar. **É UM FILME, PORRA! O ROTEIRO É SEU, VOCÊ PODE!** Algum personagem que você odiava não teve o fim que mereceu? O.k., coloque-o em um emprego horroroso. Estimule sua cabeça a ter ideias. Amarre-as e finalize sua continuação do seu filme preferido. É um treino idiota e sem compromisso, mas vai ser útil toda a ginástica que seu cérebro precisou fazer para amarrar a história do seu jeito.

Próximo exercício. Você tem alguns segundos para pensar em algo de que realmente goste. Pensou?

NÃO ME ENGANE: SE VOCÊ AINDA NÃO PENSOU, EU VOU SABER. EU CONSIGO LER SUA MENTE. VOCÊ ESTÁ MENTINDO!!!

E agora? Pensou? Ótimo. Fixe a atenção nisso e se faça as seguintes perguntas:

- Seria legal assistir a um vídeo sobre esse tema?
- Será que eu consigo fazer **MAIS DE UM VÍDEO** sobre esse tema?
- **EU** assistiria a um vídeo sobre isso?

Se a resposta para as três perguntas foi **SIM**, ótimo! Ficou claro que vale a pena começar. Porque engloba o que eu disse antes:

O fato de criar seu próprio conteúdo torna você o seu próprio chefe. Então não tenha medo de ser demitido! Quem manda no que vai ser produzido é você. Se o material final ficar ruim, é só deletar e partir para um próximo tema. E não fica achando que foi desperdício ter produzido algo que não vai usar. Afinal...

ter ideias requer treino sem hora marcada!

Incentivar seu cérebro a pensar em histórias nunca é perda de tempo, não faz mal nenhum. Pode consumir certo tempo, mas é como se você estivesse estudando. E criar realmente demanda tempo. Você precisa entender e respeitar o seu timing e saber que existirão limitações com as quais vai ter que saber como lidar. Respeite-se. Nem toda ideia será boa. Aliás, se quer saber, a maioria não será.

Somos seres humanos, e não máquinas. Uma boa ideia requer tempo. Mas, conforme você for treinando, uma hora seu cérebro criará um filtro e você começará a ter uma noção melhor do que é bom ou ruim. Não se pressione caso seus primeiros "treinos" não sejam produtivos. O que importa no fim não são os treinos isolados, mas sim o que eles vão gerar como um todo.

Pelo menos comigo, as ideias vêm quando não estou necessariamente em busca delas. É por isso que esse treino sem compromisso para estimular o cérebro a criar é tão importante. Porque quando você estiver em uma situação em que for **OBRIGADO** a criar algo (alguma atividade na escola, um trabalho em grupo da faculdade ou algum projeto novo para o seu emprego), vai ser mais fácil extrair o seu melhor sem entrar em pânico.

Quando nos forçamos a ter ideias porque temos um prazo no horizonte, muitas vezes surge um bloqueio. Ainda mais quando não estamos acostumados a ter ideias frequentemente. E aí ocorre o temido **BLOQUEIO CRIATIVO** (vamos falar sobre isso depois, aguenta aí). Então comece a prestar mais atenção no seu dia a dia, nas conversas que você escuta no metrô ou na fila do mercado, quando você vai ao shopping... Preste atenção no que as pessoas estão conversando. Nesse mundo de ideias, qualquer informaçãozinha pode ser útil. Mesmo!

Quando você for checar suas redes sociais, veja o que seus amigos estão postando (os que compartilham imagens de "Bom dia" com glitter você pode ignorar, isso está ultrapassado desde o Orkut). As boas ideias podem vir de todos os lugares.

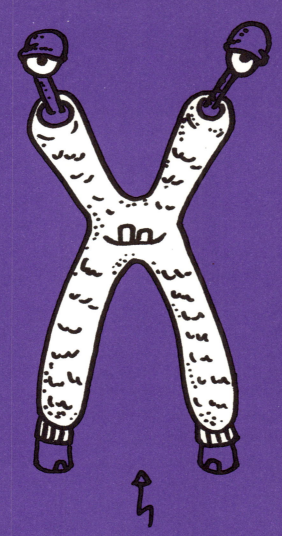

aonde você pretende chegar com seu canal?

Já fui abordada várias vezes por pessoas me dizendo a frase: "Um dia quero ser famosa igual a você!".

PARA TUDO!

Se quer começar um canal só com o intuito de ser famoso(a), você está fazendo errado. A fama pela fama não tem a menor graça, então cuidado com o que você almeja para a sua vida. Famoso qualquer um pode ficar da noite para o dia. Exemplo: um amigo seu posta um vídeo em que você leva um tombo engraçado. Subitamente viraliza.

BOOM!

Você agora é o menino famoso que levou um tombo engraçado. Grande bosta. Entende? Fama por fama é um grande **NADA**, porque ela pode ser passageira! Então não deseje ser famoso. Deseje fazer algo tão bom a ponto de as pessoas gostarem muito, e aí sim ficar famoso. Mas por algo de bom que você fez e que causou impacto, sendo merecedor de uma fama que não seja passageira.

fama ≠ legado

Uma vez, conversando com um amigo meu, ele disse que me admirava porque eu estava construindo um legado. E eu, confusa, perguntei: "Como assim?". Ele respondeu: "É, você está deixando algo de valor para as pessoas. E, quando for velha, terá orgulho disso. Você está construindo seu legado. Não está fazendo seu nome só por fazer".

E eu **NUNCA** tinha parado para pensar naquilo. Que os meus vídeos (assim como os de outros youtubers) que conseguiram atingir um nível grande de popularidade, com seus diferentes temas, deixam mensagens. Marcam as pessoas, ainda que seja arrancando risadas. Depois dessa conversa com o meu amigo, eu só quis focar cada vez mais nesse legado. Mais do que ter 2 milhões de views em um vídeo meu.

Mais uma coisa que quero compartilhar para te incentivar, leitor: o que você pode fazer **DE BOM** pelas pessoas com o conteúdo que pretende oferecer? Uma das coisas que podem te ajudar a aflorar sua criatividade é pensar nas seguintes questões:

- O que deixaria uma pessoa feliz?
- O que faria com que ela refletisse?
- O que faria **BEM** a alguém?

A partir das respostas, você pode, por exemplo, fazer um vídeo simples, cheio de imagens bonitas que filmou da sua cidade com uma música gostosa de trilha e pronto. Alguém que mora na sua cidade pode começar a parar para reparar na beleza de lugares que talvez passassem despercebidos antes. E isso talvez faça muito bem.

autocrítica: é bom, mas é ruim

É normal você se sentir insatisfeito com o próprio conteúdo. Ainda mais se você faz muita autocrítica. De acordo com o nosso pai, o Google, autocrítica é "o ato de o indivíduo reconhecer as qualidades e os defeitos do próprio caráter, ou os erros e acertos de suas ações". Na teoria, parece lindo fazer autocrítica. Transforma a gente numa pessoa com bom senso, certo?

Fazer autocrítica segura o seu EGO, impedindo você de se achar um gênio por qualquer merda e virar um completo imbecil. Por outro lado, autocrítica em excesso pode funcionar como uma bela rasteira na sua criatividade. Se você passar dos limites, vai começar a achar que tudo o que faz é ruim e pode criar um PUUUTA bloqueio criativo. E essa situação é uma grande bola de neve.

Você tem uma ideia > A autocrítica exagerada faz você achar a ideia péssima > Você parte para outra ideia > A autocrítica te diz no pé do ouvido de novo que a ideia é ruim > Você parte para outra ideia > Você tem uma terceira ideia > A autocrítica te diz "PORRA! É a terceira ideia muito ruim que você tem, qual o seu problema?".

E assim vai até você chegar à ideia de número quinze, e adivinha? A sua autocrítica te dará outra rasteira.

Hmmm. Talvez eu não deva tratar desse tema. Será que é importante? Talvez eu deva reescrever tudo.

Opa, então tá. Vamos relaxar. Acho que foi bom escrever sobre isso, sim. Caso não tenha te ajudado, porém, vamos em frente, ainda há outras páginas do livro para te ajudar. :)

(Entendeu a diferença? ;))

aceite suas limitações

Lógico que seria incrível já começar o canal com uma edição sensacional, animações, o timing certo, uma câmera com qualidade boa e iluminação ideal. Mas isso tudo é caro, ainda mais para quem está começando do zero (a menos que você tenha dinheiro para investir nisso tudo). Aceite, tudo bem se não tiver. Tente dar o seu melhor. Se o seu melhor no começo for uma câmera com uma qualidade não tão boa, beleza. É a sua atual condição e você deve se orgulhar do que tem.

Outra dica: você tem um celular! Que provavelmente tem câmera, como a maioria dos celulares de hoje costuma ter. Por enquanto, você pode usar o celular para gravar seus primeiros vídeos, que tal?

Sobre ter uma câmera semiprofissional, não é impossível. Existem opções não tão caras! Se você já trabalha, guarde um pouco de dinheiro para comprar uma. Ou então peça de presente em alguma data comemorativa. :) Você pode ainda pedir emprestado para um amigo, usar a webcam do computador... Alguma opção sempre existe.

Importante: não é porque você tem uma câmera mais ou menos que vai fazer um vídeo no escuro, né? As pessoas querem conseguir enxergar quem está falando no vídeo. Então **VÁ PARA A LUZ** (eu tô falando com você mesmo, não é uma oração para uma alma penada)!

Se não tiver um set de luz — aquelas luzes que pessoas que trabalham com audiovisual usam —, você **PRECISA** conhecer suas novas melhores amigas: as luminárias. Sabe aquele abajur que fica na cabeceira da cama da sua mãe? Ou que fica lá enfeitando a sala? Ou aquela luminária da escrivaninha ou da mesa do escritório? No começo, essas serão as suas luzes, caso você não tenha como investir nas mais "adequadas".

Estas são algumas das "adequadas": Softbox, LED, Octabox, Ring Light. Tente projetar a luz de um jeito que não faça muitas sombras no seu rosto. Elas podem ficar apontando diretamente para você, atrás da câmera. Se você tiver mais de uma luz, coloque uma do lado direito e outra do esquerdo da câmera (viradas para você, dã, óbvio).

E é com essa péssima ilustração que eu espero que vocês tenham entendido o que eu tentei explicar. :D

Outra dúvida comum: "Com qual programa devo editar meus vídeos?". Olha, existem milhares! Mas os mais usados são o Adobe Premiere e o Final Cut. **PORÉM**, esses programas não são gratuitos (para falar a verdade, são até meio caros). Tem gente que baixa as versões piratas, mas sou contra. Sou totalmente contra a pirataria. Assim como você não gostaria de ver um conteúdo seu copiado, honre o trabalho dos outros também e não adquira nenhum programa de maneira ilegal. Uma opção grátis para quem tem Windows e está começando é o Windows Movie Maker. Para quem usa Mac, o mesmo vale para o iMovie. São fáceis de mexer, ambos bem intuitivos. Existem tutoriais gratuitos no próprio YouTube ou em sites de fóruns que podem te ajudar caso você não aprenda a mexer neles sozinho. ;)

Outra dúvida muito frequente é: "Não tenho um tripé para minha câmera. E agora?". Eu com certeza te entendo, amigo(a). Como já contei aqui, meu primeiro vídeo foi gravado com a câmera em cima de apostilas e livros meus da época em que eu estava fazendo meu terceiro ano do ensino médio. Era pré-vestibular e eu tinha **MILHARES** de apostilas de todas as matérias possíveis, todas bem grossas (tipo aqueles cadernos de dez matérias, sabe?).

Eu empilhei várias e apoiei minha câmera nelas. Adicionei um espelho virado para mim para que eu conseguisse enxergar o visor da câmera, que não virava. Precisava ver se eu estava aparecendo na tela, se a minha cabeça não estava cortada ou se eu estava em quadro. Estar "em quadro" não significa virar uma pintura (dã). É estar no enquadramento, para quem não sabe.

Outras coisas que já foram meu tripé:
- Cabideiro (e eu ainda tacava fita crepe ou durex para que a câmera ficasse fixada e não caísse).
- Mesa (dependendo da altura de onde você for sentar para ficar em frente à câmera, pode funcionar muito).
- Minha mãe. Ué, por que não, né? Mães ou qualquer outro ente familiar podem ser úteis nessas horas (às vezes só nessas). Tudo que eles precisam fazer é segurar a câmera para você, sem tremer muito. (P.S.: Minha mãe foi demitida do cargo de tripé justamente por parecer um bêbado filmando. Te amo, mãe, desculpe revelar isso aqui.)
- Pilha de livros.

O importante é: busque sempre evoluir, aceitando suas limitações.

procure saber até do que não te interessa

Às vezes, as melhores ideias vêm através de assuntos de que originalmente você nem gosta. Eu mesma já fiz um vídeo no meu canal falando sobre reality shows. Não gosto nem acompanho nenhum específico. Mas o vídeo ficou bem legal. As pessoas se identificaram, deram risada, comentaram, deixaram seus likes... E era só isso mesmo que eu queria falar.

mantenha suas metas altas, mas seus pés no chão

Nessa área artística, tudo é instável e complicado. Num dia você está em alta, logo depois em baixa. Melhor não citar exemplos aqui. Deixo por sua conta lembrar os artistas que se encaixam nisso. É assim com todo mundo que escolheu ingressar nesse mundo — que, cá entre nós, é bem maluco. Então cuidado para não se frustrar à toa.

No começo vai ser difícil, e talvez seu canal não dê certo. Você precisa ter isso em mente para não ficar deprimido caso tudo dê errado. Como eu já disse outras vezes, você sempre pode recomeçar. Vai ver seus vídeos não bombaram porque simplesmente não era pra ser. Caso não queira ler sobre o que eu acho sobre as leis do universo, pode pular esta parte.

Se algo que parecia bom não deu certo, saiba que você talvez não estivesse preparado para o ônus e também para o bônus do que tanto queria. Ter um canal que bomba requer um esforço que para muitos pode parecer eterno. Tudo depende de quanto tempo o dono do canal está disposto a dedicar inteiramente àquilo.

Já vi donos de canais grandes (em geral estrangeiros) que não deram conta da pressão de ter a vida esmiuçada em público. Eles se arrependeram de ter exposto tanto sobre seu lado pessoal. Principalmente canais de daily vlog, sinônimo de você filmar seu cotidiano todos os dias. Outros casos são os canais que demandavam grandes produções. Os caras viam depois que dava trabalho demais, ainda mais levando em conta que na internet precisamos de conteúdos novos com uma frequência muito alta e com pouquíssimo tempo para produzir.

Vista de fora, a fama de um youtuber pode ser algo incrível (e tem horas que é mesmo). Mas sua vida não se resumirá a pessoas gritando seu nome, querendo abraços e dando presentes, marcas querendo te patrocinar, fã-clubes surgindo etc.

Glamorização à parte, você possivelmente terá de lidar com sites de fofoca sendo maldosos. Muitas pessoas DETES-TAM o sucesso alheio. Nossas vitórias incomodam muita gente, mais do que você imagina. E no Brasil, infelizmente, a situação é mais grave ainda. Se você parar para reparar, nos Estados Unidos as pessoas têm orgulho de quem está no topo. Aqui parece que ninguém torce por ninguém.

É difícil você ver as pessoas se apoiando. Muita gente está sempre com pedras na mão, prestes a atacar, tentando fazer piada. A minha briga sempre é...

não julgue se você não conhece

Inverta a situação e pense como seria ruim se fosse com você ou com alguém próximo. Você se dedica, trabalha, e logo percebe que muitas pessoas estão mais preocupadas em tentar te frustrar do que qualquer outra coisa. Independente de você produzir um conteúdo que seja do gosto dos haters ou não, o mais importante é o respeito.

músicas trazem emoções

Sabe o que pode ser uma boa inspiração? Músicas que nos fazem bem. Vou escrever aqui uma listinha com aquelas que fazem com que eu me sinta poderosa (au, au, me imagine agora batendo os cabelos ao vento):

"Stop This Train"
John Mayer

Mudei para São Paulo sozinha e sem conhecer ninguém na cidade. Eu me sentia muito solitária. Muitas vezes quis "parar o trem", voltar pra casa e ter minha vida normal de volta. Tudo que foi acontecendo foi me assustando, e muitas vezes quis parar por medo. Então essa música, apesar da letra nostálgica e da melodia tristonha que tem, me faz lembrar de uma época em que, se eu não tivesse tido coragem, não teria seguido em frente. Mas ela me traz uma saudade boa da minha cidade natal. E hoje tenho certeza de que não quero mais parar esse trem. Escute a música e leia a tradução para entender.

"Your Body Is a Wonderland"
John Mayer

A melodia dessa me agrada muito, me deixa sorrindo à toa (ou talvez eu só esteja apaixonada e achando que é culpa da música).

"Believe"
Cher

Ela traz uma mistura de sensações. Me faz lembrar da Kéfera criança, que não fazia a menor ideia de como seria o futuro. Minha mãe incrível até me ensinou uma coreografia! (Bem vergonhosa, confesso. Mas dançamos até hoje.)

"Aquarela"
Toquinho e Vinicius de Moraes

Marcou minha infância, porque eu e minha mãe cantávamos juntas no banho. Além de a letra ser linda e um **show** de criatividade. Sou apaixonada por ela.

"Djobi, Djoba"
Gipsy Kings

Simpatizo muito com ciganos (eu sei que você deve estar lendo e pensando "WTF???", mas, sim, é real), e essa música tem uma vibe cigana. Além de também ter marcado minha vida no teatro. Eu apresentava um drama que tinha essa música, com direito a coreografia. Fora que ela é superanimada.

"Be Ok"
Ingrid Michaelson

Essa eu também ouvia muito durante as aulas de teatro. Ela me traz uma mensagem positiva e de paz. 💜

"7 Years"
Lukas Graham

A letra é forte e a emoção com que o cantor interpreta é tocante. Ela me lembra um momento feliz, apesar de ser meio tristonha.

"Orinoco Flow (Sail Away)"
Enya

Essa música me traz uma energia boa. Fico em paz e feliz quando a ouço. Sempre que uma música te deixar em paz, decore a letra dela.

"Cake by the Ocean"
DNCE

Essa é animada para cacete. Fico muito empolgada e feliz quando a escuto. E felicidade traz boas ideias.

"Go Do"
Jónsi

É uma música que escutei muito nas minhas aulas de teatro e que a gente ouvia enquanto fazia exercícios de desconstrução corporal. Lembro que a melodia me fazia muito bem, me acalmava. Sempre que estou triste ou me sentindo bloqueada, ouço essa música. Parece que lava a alma. Amo. 💜

"Fix a Heart"
Demi Lovato

ÓBVIO que a minha ídola estaria aqui, né? Essa música me traz lembranças de uma época difícil para mim, em que eu estava muito triste. Mas a voz da Demi me deixa focada. A entrega dela nessa música é muito intensa. Quando preciso que algo me toque a alma, ponho para tocar.

"Elephant Gun"
Beirut

Essa é outra queridinha minha da época do teatro. Fazíamos vários exercícios enquanto escutávamos Beirut. Essa é uma das que mais me inspira, principalmente para escrever. É a música "desbloqueia mente" para mim.

"May It Be"
Enya

Essa eu ouço quando estou triste. Porque aí eu choro e passa. Mais uma que lava a alma.

DEPOIMENTO KELOVER

Em 2009, a maioria dos meus amigos já sabia que curso iria fazer na faculdade. Eu tinha a vontade de fazer informática, achava superlegal. Fui pesquisar mais profundamente sobre o assunto e, quando contei para um amigo, ele me disse que no curso só havia homens. Na minha cabeça, isso parecia muito ruim.

Pensei em escolher pedagogia, psicologia ou contabilidade. Eu tinha um bloqueio na mente e me preocupava com o que as pessoas iriam pensar.

Em 2012, fiz vestibular para secretariado executivo — uma faculdade "para meninas". E passei. Mas não havia gente suficiente para formar turma, então eu teria que escolher outro curso. Acabei não escolhendo nada e voltei para casa triste.

Alguns meses depois, em casa, vendo o YouTube, conheci o seu canal. E vi que você era uma menina "livre", simplesmente por não ser uma menininha perfeitinha, bonitinha, e sim "caminhoneira".

Brincadeira. Mas você sabe que isso não te torna menos mulher. Em um só dia vi uns trinta vídeos seus. Viciei na hora. Acho que depois de uma semana eu já tinha assistido a tudo.

Aprendi que eu precisava expor minha opinião. Que fazer um curso com maioria de homens não me faz menos feminina, mas mostra que nós, mulheres, somos fortes e independentes. Sim, posso ser o que eu quiser. Sou muito diferente da pessoa de seis meses atrás, porque estamos sempre amadurecendo. E com os seus vídeos aprendi a amadurecer ainda mais. Minha mãe deu conselhos bons, mas você diz as coisas do jeito que a nossa geração precisa ouvir.

Obrigada por criar seu canal e falar abertamente sobre tudo. Hoje estou no quinto semestre de ciência da computação. E continuo mostrando a todos os meus amigos que posso continuar sendo mulher mesmo fazendo um curso em que existem muitos homens.

criar pode te dar prazer

Sabe aquela sensação de quando você cozinha uma coisa gostosa para alguém que ama? (Se a resposta for "não", **CALMA**, já dou um exemplo para você que queima arroz.) À medida que vai acrescentando os ingredientes, junto você deposita carinho e amor. E todo o processo de cozinhar se torna prazeroso. Aí a pessoa prova (e não vomita logo em seguida nem vai parar no hospital com uma infecção alimentar) e **GOSTA** da sua comida. Se ela ainda elogia, você fica igual a um cachorrinho abanando o rabo.

Agora vamos a um exemplo para você que nunca será convidado para aparecer na Ana Maria Braga, porque nem ferver uma água na chaleira você sabe. Pense em quando você presenteia alguém de que gosta muito! Não é bom ver o sorriso no rosto dessa pessoa depois de ganhar o que você deu? (Se a resposta for "não" é porque você é um mão de vaca escroto.)

 O.K., KÉFERA. CHEGA DE EXEMPLOS. AONDE VOCÊ QUER CHEGAR?

Quero deixar claro que criar **PODE SER PRAZEROSO!** Criar é dar (quem acha que a palavra "dar" aqui tem conotação sexual está achando errado). Lógico que existem artistas que produzem pensando mais na realização pessoal, mas geralmente você quer que pessoas apreciem o seu trabalho. E o reconhecimento te faz ter até um **ORGASMO CRIATIVO**. Esse é o melhor jeito de descrever a sensação maravilhosa de ser elogiado, reconhecido e prestigiado por alguma criação própria.

Outra comparação (que pode soar idiota, e talvez seja, de fato, mas vamos lá): ver sua arte finalizada (já que estamos sendo meio cafonas) é como ver um filho se formando! Depois de ter um baita trabalho editando o vídeo, aplicando efeitos, trilha sonora, animações etc., você posta e as pessoas gostam.

Eu nem tenho filho, mas acredito que esta seja a sensação: ver uma criança ficando **PRONTA PARA O MUNDO!** É algo que, a partir de determinado momento, não está mais no seu controle.

pesquise mais sobre seus familiares

Às vezes eles podem ter mais para ensinar do que você imagina. Se você ainda tem seus avós vivos, por exemplo, converse com eles. Tome um café que dure hooooras. Tente saber o máximo possível de coisas. Idosos têm tanto a nos ensinar... Você sempre sairá com uma lição. E quem sabe essa lição, uma história deles, não vira uma boa ideia para um vídeo?

Obviamente você já deve ter conversado com parentes seus. Mas procure saber mais de onde você veio e sobre quem nasceu antes de você. A última vez que fiz isso, saiu um vídeo divertidíssimo com minha avó e minha tia-avó. ♥ Demos risadas e zoamos umas às outras. O tema foi: a diferença entre os namoros de hoje e os de noventa anos atrás! Conhecer mais seus familiares pode ser muito divertido mesmo!

todos têm direito a uma opinião, estejam eles certos ou errados

Aceite: pessoas são cruéis, e na internet são duas vezes mais. Esteja preparado para ouvir as piores coisas e ter dedos apontados para você pelas razões mais absurdas. Mas o fato é que existe liberdade de expressão no nosso país — e **QUE BOM QUE EXISTE**. É duro ver alguém falando sobre coisas sem propriedade, mas todos têm esse direito.

Você precisa aceitar que vai receber **CRÍTICAS**. E, acredite, elas serão proporcionais ao seu sucesso. Quanto mais pessoas você atingir com seu conteúdo, mais elas se sentirão no direito de dizer o que acham sobre você. E nessa hora é preciso ter um preparo psicológico sensacional para aguentar o que pode vir.

Aprendi a lidar com as críticas do jeito mais duro possível: ouvindo. E veio de tudo! Pessoas me xingando, duvidando do meu caráter, da pessoa que eu era, até mesmo criando defeitos em mim.

VOCÊ É FEIA! SEU CABELO É HORRÍVEL! VOCÊ USA APARELHO, SORRISO METÁLICO É NOJENTO! SEU OLHO É TORTO! SUA MAQUIAGEM É FEIA! SEU BRAÇO É GORDO! SUA VOZ ME IRRITA! VOCÊ TEM CARA DE VAGABUNDA! É BONITINHA, MAS FALA PALAVRÃO! QUE VULGAR! MAL-EDUCADA! CRIANCINHA QUE NÃO TEM NADA MELHOR PARA FAZER! VÁ PROCURAR UM EMPREGO! VÁ ESTUDAR! DELETE SEUS VÍDEOS! ESSE VÍDEO É UM LIXO! PERDI TEMPO DA MINHA VIDA ASSISTINDO A ESSA RIDÍCULA!

Eu ouvi de tudo e mais um pouco. Comentários de pessoas indignadas dizendo que era um absurdo "uma menina novinha fazer vídeos tentando falar algo engraçado enquanto poderia ficar de biquíni e ter mais views". E completaram: "Sai do YouTube e vai para um site pornô que você vai dar certo". É ridículo, mas muitos homens acham que a existência das mulheres na internet tem exclusivamente fins sexuais. Fui ficando cada vez mais acuada e me sentia a pior pessoa do mundo.

Chorei milhares de vezes lendo essas coisas, duvidei da minha personalidade. Sobrou até para a minha mãe! Misturavam os xingamentos, tipo: "Se ela é uma putinha, a mãe deve ser puta também". E daí para baixo. Li muuuuuitos comentários que beiravam o assédio sexual, do tipo: "Coloquei o vídeo no mudo e estou aqui imaginando coisas com você".

Também fui atacada por pessoas religiosas, que juravam que eu tinha sido enviada pelo diabo. Diziam que eu era filha do demônio por falar palavrão sendo tão jovem. Pessoas tentavam me converter o tempo todo. E tudo isso teve um grande impacto sobre mim. Eu, com dezessete anos, no ano de pré-vestibular, superinsegura. Eu, que já tinha passado a vida toda sendo ridicularizada no colégio e morria de medo da exposição absurda que o canal poderia me proporcionar.

Conforme ia postando vídeos novos, as pessoas começaram a voltar com o bullying que sofri na época da escola, só que dessa vez era **PIOR**. Porque antes, no colégio, eram os trinta alunos da sala apontando para mim e dando risada. Com o YouTube, eram pelo menos quinhentos comentários.

No começo do canal, eu não tinha ninguém que conseguisse me entender. A maioria das pessoas não sabia o que era o YouTube. Não entendiam o que eu estava fazendo, a ponto de perguntarem: "Mas por que você está fazendo esses vídeos?". Na época, não consegui fazer com que elas entendessem. Sempre que eu pedia opinião sobre como lidar com as críticas, a resposta era: "Ué, pare de fazer vídeos!".

E essa resposta recorrente, junto com as críticas que eu comecei a receber, foram a fórmula perfeita para que eu realmente cogitasse desistir. Estava sendo desestimulada por quase todos à minha volta. Os outros conselhos eram sempre algo como "Não ligue para isso, eles não te conhecem de verdade e estão com inveja!".

Eu até concordava com a parte que dizia que as pessoas que me xingavam não me conheciam. Agora, inveja? **DE QUÊ?** Eu era só mais uma adolescente de dezessete anos que começou a falar o que pensava em videologs! Por que as pessoas sentiriam inveja daquilo? Esse argumento nunca me convenceu e eu comecei a ficar cada vez mais perdida sobre como lidar com tudo.

Depois de tanto ouvir coisas sobre mim, entendi que, na vida, e principalmente na internet, existe o **ÓDIO GRATUITO**. O nome é autoexplicativo. Você não tem motivos para odiar algo, mas mesmo assim odeia. Sai distribuindo um sentimento tão ruim totalmente de graça na direção de alguém que nunca te fez nada. E sabia que o tema **ÓDIO GRATUITO** me rendeu um vídeo? Ou seja...

situações ruins podem gerar boas ideias

Todo aquele ódio eu transformei em um vídeo com o qual as pessoas se identificaram e que ganhou muitos likes. Foi quando notei que a melhor coisa é usar sua própria desgraça a seu favor. Temos que nos divertir com as merdas que acontecem com a gente. E é o que eu faço até hoje. Quando algo de ruim me acontece, fico triste, claro, mas tento fazer com que esse sentimento dure o mínimo possível. Caso contrário, eu estaria em depressão profunda.

tenha outras redes sociais

As redes sociais podem ajudar muito na hora de divulgar seu canal. Por isso, esteja presente no maior número delas, contanto que você goste disso, claro! Não se force a produzir conteúdos de que você não gosta.

Cada vez que lançar um vídeo novo no seu canal, tire um print da tela e reposte isso no seu Instagram. Ou faça aquelas fotos bonitinhas de uma xícara de café ao lado do laptop (as blogueiras de moda fazem isso sempre, então acho que funciona :D). Às vezes acontece de algumas pessoas te acompanharem mais em alguma rede específica, até mesmo através daquelas que não são seu foco principal.

Já aconteceu comigo de receber comentários do tipo "Amo mesmo é seu Instagram, adoro suas fotos", sendo que eu não surgi lá. O Instagram não foi o meu foco inicial. Criei uma conta nessa rede justamente para que ela ajudasse a divulgar meu canal no YouTube.

O Snapchat também é uma rede social FODA, porque é bem fácil de alimentar. Você mostra sua rotina, seus amigos, tira fotos usando aqueles filtros legais... É uma das redes sociais mais divertidas (lembrando que escrevi este livro em 2016). Ela me remete muito à forma como o cinema era feito antigamente: tudo tinha que dar certo take por take, e você ia montando o filme de uma maneira bastante manual! A edição de um longa-metragem era feita com rolos de filme. Você cortava um trecho específico e ia colando uma fita na outra até ter o filme completo. No Snapchat, você faz filminhos de dez segundos que vai colando para formar o seu "longa". É um bom lugar para treinar ideias, testar quadros para o canal e buscar inspirações para temas de vídeos.

Fanpages do Facebook são muito legais, porque te deixam mais próximo dos seus seguidores. Além de ser um perfil em que todos podem ser seus amigos (é só curtirem a página). Você recebe muito feedback através dos comentários nos posts e consegue fazer um resumão de tudo o que tem acontecido com você. Também dá para postar links de sites de que você gosta e de outros canais no YouTube que você segue, assim como as músicas que não saem da sua playlist e as fotos que você tirou. Fotos de animais rendem muitos likes! :D

Sempre que aparece uma nova rede, é bom ver o que ela pode oferecer. Obviamente existem muitas que não vingam ou acabam (saudades, Orkut 💜) e outras que não funcionam no Brasil. Mas tudo é útil quando você está procurando seu público.

fim?

é só o começo.

;)

É isso! Era isso que eu queria tanto compartilhar com você, leitor e/ ou aspirante a youtuber. Espero ter ajudado de alguma forma a responder às muitas perguntas que ouço todo dia. Também espero que você tenha tirado algo de bom e de útil para sua vida de criador. Estou ansiosa para ver seu nome por aí. ♥

Com carinho (e um tapinha na bunda pra descontrair),

Kéfera.

AGRADECIMENTOS

Agradeço ao universo (sério) por ter me colocado diante de várias situações em que pude parar para refletir e analisar o que eu realmente queria passar com este segundo livro. Sem isso talvez eu não tivesse conseguido concluir este grande compilado de ideias soltas, que organizei bem bonitinho para que ficasse o mais claro possível.

Agradeço à minha mãe, que foi compreensiva em todas as vezes que eu a atendi no telefone meio ríspida, dizendo: "Mãe, não posso falar agora porque eu estou escrevendo". E que mesmo assim continuou me dando colo todas as vezes que precisei.

Agradeço aos fãs, que, com suas toneladas de dúvidas, me inspiraram tanto a ajudá-los.

Ao Bruno, meu editor, dono da maior paciência e bom humor do mundo, que pela segunda vez me ajudou em mais um capítulo não só deste livro, mas da minha vida. :)

A todas as pessoas que trabalham comigo atualmente, que acompanharam e entenderam meu ritmo e o tempo que eu designei para que este livro fosse escrito.

Resumindo: **É NÓIS!** ♥

SOBRE A AUTORA

Nascida em Curitiba, em 1993, Kéfera Buchmann é atriz desde os quinze anos e já rodou o país com seu espetáculo de teatro. Seus conhecimentos em artes cênicas e o sucesso no YouTube, além do trabalho como apresentadora em dois programas de TV, de emissoras diferentes, abriram o caminho para sua carreira no cinema.

Kéfera, atualmente a principal youtuber mulher do Brasil, tem um dos canais com o maior número de acessos e inscritos no país, tornando-se assim referência para quem busca uma carreira na internet. Eleita em 2016 uma das jovens mais promissoras do Brasil pela revista *Forbes*, Kéfera possui mais de 30 milhões de seguidores em suas redes (YouTube, Facebook, Twitter, Instagram, Snapchat, Vine e Periscope).

Em 2015, lançou seu primeiro livro, *Muito mais que 5inco minutos*, que em agosto de 2016 já havia vendido mais de 400 mil exemplares. Os direitos do livro foram vendidos para Portugal, onde será publicado em 2016.

TIPOGRAFIA The Sans, The Serif e Kinky
DIAGRAMAÇÃO Cleber Rafael de Campos
PAPEL Pólen Bold, Suzano Papel e Celulose
IMPRESSÃO RR Donnelley, setembro de 2016

A marca FSC® é a garantia de que a madeira utilizada na fabricação do papel deste livro provém de florestas que foram gerenciadas de maneira ambientalmente correta, socialmente justa e economicamente viável, além de outras fontes de origem controlada.